CONGRESO EN GRANADA

Loreto de Miguel y Alba Santos

edelsa

GRUPO DIDASCALIA, S.A.
Plaza Ciudad de Salta, 3 - 28043 MADRID - (ESPAÑA)
TEL.: (34) 914.165.511 - FAX: (34) 914.165.411

Colección «**Para que leas**»:
Dirigida por Lourdes Miquel y Neus Sans

Primera edición: 1988
Segunda edición: 1991
Tercera edición: 1993
Cuarta edición: 1995
Primera reimpresión: 1996
Segunda reimpresión: 1998
Tercera reimpresión: 1999
Cuarta reimpresión: 2000
Quinta reimpresión: 2002
Sexta reimpresión: 2004

Diseño de colección y cubierta: *Angel Viola*
Ilustraciones: *Mariel Soria*

© Las autoras
  EDELSA Grupo Didascalia, S.A.

ISBN: 84-7711-028-X
Depósito legal: M-10081-2004
Impreso en España
Printed in Spain
ROGAR, S.A.
Encuaderna: Perellón

Pepe Rey está sentado en una de las terrazas de la Plaza Mayor[1]. Vive al lado y a menudo baja a la plaza a leer el periódico o, simplemente, a mirar a la gente y las palomas. Especialmente en esta época del año, en junio.

A Pepe, junio le parece el mejor mes del año. Encuentra que el aire, el cielo, las mujeres, ... todo tiene, en junio, algo casi mágico. Y le dan ganas de emborracharse, de hacer el amor, de hablar a los desconocidos de las mesas de su alrededor. Sin embargo, hoy no se siente bien. Está cansado. En su oficina de detective privado sólo ha habido últimamente casos poco interesantes. Casos y gente poco interesantes: buscar una birria de cuadros robados y demostrar mentiras de dos o tres maridos aburridamente infieles. Está claro que necesita unas vacaciones. Bebe un poco del granizado de limón[2] que tiene delante y mira las piernas, largas y doradas, de una jovencita pelirroja que pasa corriendo. La plaza está llena de turistas: grupos de japoneses, universitarios norteamericanos, jóvenes nórdicos con enormes mochilas... También hay algún jubilado dando de comer a las palomas, algún parado vendiendo rosas, alguna pareja de enamorados... Todo tiene ya aire de vacaciones. Menos las ojeras de Pepe Rey.

Pepe intenta leer el periódico, pero una y otra vez se distrae. Hoy, francamente, no le interesan nada ni el último atentado de ETA[3], ni los problemas de Oriente Medio, ni... Se ha acercado un joven que toca el saxo. Está tocando una de las piezas de jazz preferidas de Pepe, una pieza de John Coltrane. Y a Pepe, aunque el saxo le entusiasma, en días como hoy, le pone especialmente triste. "Lo que faltaba", se dice a sí mismo al reconocer las primeras notas. "Es evidente que necesito unas vacaciones. Está más claro que el agua", piensa.

Por asociación de ideas, se acuerda de su amigo Manuel Vázquez. Hace unos días lo encontró por la calle. Le contó que ahora estaba viviendo en Granada, en un "Carmen"[4], una casa antigua, con un patio lleno de flores. Le invitó a pasar unas días allí. Pepe le dijo que gracias, pero que no, que tenía un montón de trabajo y todas esas cosas que se dicen en esos casos, cuando un viejo amigo nos propone una pequeña aventura improvisada. "Pero..., ¿por qué no?", piensa de pronto. "¡Me irían tan bien unos días tranquilos en Granada con Manuel!", se dice cada vez más animado. "Además, hace siglos que no he estado en Granada", piensa buscando una "coartada" más.

Manuel es gallego y, como buen gallego, un gran viajero[5]. Ha vivido en Italia, en Mozambique, en Nue-

6

«Pepe Rey está sentado en una de las terrazas de la Plaza Mayor.»

7

va Zelanda... Ahora parece que quiere descansar un poco y se ha instalado en Granada. Pepe, que le conoce desde hace mucho tiempo, sabe que lo pasarán bien juntos y que con Manuel se sentirá como en casa.

Pepe Rey no sabe lo que le espera en Granada.

* * *

Pepe vuelve a su casa, que está en la calle de La Sal, tocando a la Plaza Mayor. Sube corriendo la vieja escalera de madera y llega al tercer piso medio muerto. "¡Uf! Un día de éstos me da un infarto... En Granada empiezo a hacer deporte, a correr o algo así. Esto no puede ser...", piensa respirando como si acabara de correr una maratón. Entra en el baño y se lava la cara. Pone en marcha el tocadiscos sin mirar el disco que está puesto.

Se mira al espejo y dice en voz alta:

—¡Dios! ¡Qué mala cara tengo!

Va a la cocina y saca una lata de cerveza de la nevera. La nevera tiene el aspecto triste y vacío de muchas neveras de solitarios: un huevo, media lata de atún, una botella de leche, una pera podrida... "Esta noche cenaré por ahí", piensa viendo lo imposible que sería preparar una cena con esos ingredientes.

Se quita la camisa y tira los zapatos con un par de patadas al aire. Todo sin dejar la lata de cerveza. Se tumba en el sofá y coge el teléfono. Marca el número de su oficina. Son las siete menos cuarto y, a lo mejor, Susi, su secretaria, todavía está.

* * *

8

—José Rey, detective privado, dígame.

—Susi, soy yo.

—Ah, hola, jefe. ¿Qué hay?

—Oye, tú que vas a veces a Granada a ver a tu hermana, ¿sabes a qué hora hay vuelos?

—Espere un minuto y lo miro. ¿Tenemos algún caso en Granada, jefe?

—No, ni en Granada ni en ningún sitio. Al menos por unos días. He decidido que me voy de vacaciones.

—¿De vacaciones? ¿Así? ¿De repente? Pero si mañana...

—Sí, ya sé: mañana tengo una cita con la pesada de la Sra. López de Zubiri, que quiere estar segura de que ese travesti que vio el otro día en la Castellana[6] no era su hijo José Ignacio.

—Y por la tarde tiene hora con el dentista y el sábado... Bueno, pues que ha llamado su mujer...

—"Mi ex"[7].

—Vale, "su ex" ... Ha llamado "su ex" para preguntarle si podía quedarse con los niños porque ella se iba a Benidorm[8] con unas amigas...

—Benidorm es feísimo y ya sabes lo que opino de los dentistas en general y del mío en particular. Y no hablemos de la Sra. López de Zubiri... Les dices a todos que..., que se me ha muerto un pariente y que me he ido a Granada al entierro. Susi, ¿me haces un favor? ¿A qué hora dices que hay vuelos para Granada?

—Bueno, bueno, bueno... No se ponga así. Ya voy.

Susi busca entre sus papeles un horario de Iberia[9].

—Pues si tiene usted tanta prisa, hay uno a las

ocho y media. Aún lo puede coger, creo. A ver... Ahora son las...

—Gracias, preciosa. Toma nota: estaré en el 26 71 79. El prefijo de Granada es el 958[10]. Pero llámame sólo si es cuestión de vida o muerte, ¿vale?

—O.K., jefe. Y que lo pase bien. ¿Me mandará una postal de la Mezquita?

—No seas paleta, Susi. Será de la Alhambra. La Mezquita está en Córdoba[11].

—Quería decir de la Alhambra —responde Susi ofendida como lo estaría el primero de la clase el día que se equivoca.

* * *

Muy deprisa Pepe coge una maleta de encima de un armario y la abre sobre la cama. Pone dentro, de cualquier manera, las primeras camisas y los primeros pantalones que encuentra. Unos cuantos pares de calcetines, unos cuantos calzoncillos, unas zapatillas de tenis... "¿Qué más necesito?", se pregunta. "Ah, sí, una chaqueta por si refresca por la noche y... Sí, quizá, sí: una americana por si algún día vamos a cenar por ahí. ¡Y la camisa que me compré el otro día!" Pepe, por primera vez en su vida, se ha comprado una camisa rosa. La verdad es que no está seguro de ser capaz de llegar a ponérsela.

En el cuarto de baño recoge las cosas de afeitar, un peine y el cepillo de dientes. Vuelve al comedor y saca de la librería tres novelas y, de un cajón, una cámara fotográfica.

"¡Con tal de que haya billetes!", piensa preocupado. Ahora siente unas inmensas ganas de salir de

Madrid. Ahora que lo ha decidido, no puede esperar a mañana.

Cuando cierra la maleta, Pepe ya se siente mucho mejor. Ahora sí nota que estamos en junio, el mes más bonito del año. Incluso se ve más guapo, más delgado y con menos ojeras en el espejo del recibidor.

* * *

En la Calle Mayor, Pepe coge un taxi.

—A Barajas. Salidas nacionales, por favor[12].

El taxista es un jovencito que lleva el pelo muy corto y una pequeña trenza verde detrás. En la radio del coche suena un disco "heavy" a todo volumen. Aunque Pepe normalmente no soporta ese tipo de música, hoy no le importa. Es junio y su primera noche de vacaciones.

El cielo se ha puesto de un azul oscuro y brillante. Madrid está muy bonito pero Pepe está contento de irse de la ciudad.

Se acuerda de repente de que no ha llamado a Manolo[13] para avisarle de su llegada. "¿Y si no está?", se pregunta. No importa. Irá a un hotel, al Parador, por ejemplo[14]. Los trabajos que ha tenido últimamente han sido pesados y sosos pero le han dado dinero.

* * *

Por suerte hay billetes. Pepe factura su maleta, recoge la tarjeta de embarque, mira el reloj... Le da tiempo aún de tomarse un bocadillo en el bar. Uno de esos bocadillos como de plástico que venden en muchos aeropuertos.

En la barra un grupo de hombres habla animadamente. Pepe se fija en ellos. Tienen todos algo en común, algo especial. Varios de ellos llevan barba, dos pajarita y uno una larga melena blanca. Algunos de ellos no son españoles.

De pronto del grupo se separa una cara conocida: Ignacio Villa, el viejo amigo de la infancia, ahora un internacionalmente famoso psicólogo, que ha reconocido a su compañero de juegos. A Pepe Rey.

—Hombre, Pepe, ¿qué tal? ¿Cómo te va?

—¡Cuánto tiempo! ¿No?

Se abrazan[15], se golpean la espalda, se intentan reconocer bajo sus caras cambiadas por los años...

Tras los saludos, Pepe no puede resistir la curiosidad.

—Oye, Nacho[16], ¿quiénes son todos ésos?

—Ya salió el detective. Pues muy fácil: ¿has oído hablar de la AICP, Asociación Internacional de Científicos por la Paz?

—Sí, algo he leído en la prensa... Me suena...

—Pues te comunico que, en la actualidad, yo soy el Presidente de la Asociación. Y mañana se inaugura en Granada el tercer Congreso. Viene gente de todo el mundo.

—¿En Granada? ¿Sabes que yo también voy a Granada?

—¡No me digas! ¡Fantástico! Por fin podremos hablar con calma. En los Congresos, si eres el organizador, hay mucho lío, pero me podré escapar alguna noche. Vamos, supongo. Me parece que ya tenemos que ir a embarcar, ¿no? ¿Qué te parece si te busco en el avión? Tengo que hacer de anfitrión. Ya sabes...

En ese grupo hay un par de Premios Nobel. No te vayas a creer...

—¿Sí? —responde boquiabierto Pepe. Es la primera vez que va a ver un Premio Nobel de carne y hueso.

* * *

El DC9 que va a llevar a Granada a Pepe, a Nacho y a algunos de los científicos va medio vacío. Pepe se sienta y busca con la mirada a su amigo Nacho. La gente, de pie, se quita la chaqueta, guarda paquetes... y no le ve. Mientras le buscaba, una rubia de enormes ojos verdes, boca grande y cara de mujer inteligente, se le ha sentado al lado. Pepe la observa disimuladamente. Ella se mueve en su asiento, nerviosamente, impaciente. "Parece que tiene ganas de llegar a Granada", piensa Pepe.

Mientras tanto, Pepe se pregunta cuál debe ser la manera menos ridícula de empezar una conversación con una chica guapa y nada tonta. Porque eso de que no es nada tonta se lo ha visto en los ojos a su vecina de asiento. Llega a la conclusión de que no conoce ninguna.

Aunque a Pepe siga pareciéndole imposible, el avión, con todas esas toneladas de hierro, se levanta. Elegante, como una cigüeña. Hacia el sur.

Al cabo de un rato se acerca Nacho. De pie, en el pasillo, se ponen a hablar.

—¿Qué? ¿Qué tal? ¿Qué me cuentas?

—Pues ahora ya mejor. Es que a mí esto de los aviones... —responde Pepe.

—¡No me digas que te da miedo volar!

—¿Miedo? ¡Pánico! De veras. Suerte que no tengo que hacerlo muy a menudo. Suelo trabajar en Madrid.

La conversación sigue. Naturalmente, hablan de los viejos tiempos, de aquel amigo común que hace siglos que no ven, de lo rápido que pasa el tiempo, de qué pena no verse más frecuentemente... Es la vecina de asiento de Pepe, la rubia de ojos verdes que tanto le ha impresionado, quien les corta.

—Perdone, usted es el Doctor Villa, ¿verdad? — le dice a Nacho.

—Sí.

—Mire, me llamo Diana Krempo y soy la corresponsal de "Il Corriere della Sera" en Madrid[17]. Voy a Granada para informar sobre el Congreso.

—Ah, muy interesante — dice educadamente Nacho.

La periodista tiene un ligero acento italiano, pero habla muy bien el español. Pepe la mira y la mira...

—¿Cuándo podría concederme unos minutos para una entrevista?

—No sé. A ver... Tal vez mañana. Sí, ¿qué tal mañana por la mañana, después del desayuno? La inauguración oficial es a la una. O sea, que...

—Perfecto. Por mí, cuanto antes.

A Pepe le encantaría decir algo, presentarse, quedar también con ella para mañana. Pero no se le ocurre absolutamente nada. Con las mujeres que le gustan, Pepe es un gran tímido. Ella, que por suerte no lo es, le mira y le dice:

—¿Usted también es psicólogo, Sr. Rey?

—No, yo no, yo no... Yo... —responde Pepe, que no

se lo esperaba. Se ha puesto colorado como un tomate.

—Díselo, hombre. No seas tímido —añade Nacho.

—Soy... detective privado.

—¿De veras?

—Sí, de verdad. Y, aunque estoy de vacaciones..., ¿cómo sabía usted que me llamo Rey?

— ¡Ah...! Los periodistas también tenemos que ser un poco detectives, ¿no cree?

Pepe sigue sin entenderlo, pero le da igual. Está muy contento: ¡ella se ha fijado en él!

• • •

Nacho Villa y Pepe Rey esperan la salida de sus maletas. Pepe observa a su viejo amigo. En realidad no ha cambiado tanto: siempre mirando nerviosamente a su alrededor, quitándose una y otra vez el largo flequillo que a ratos le cubre un ojo, diciendo, "¿por qué demonios?" a cada momento, inclinándose hacia la persona con la que habla, como si le diera pena que el otro fuera más bajito. Y casi todo el mundo es más bajito que Nacho... Pepe le pregunta quiénes son sus acompañantes.

—Ese de la pajarita es...

—¿Cuál?

—El que va con la alta de pelo gris. El de la barba...

—¡Ah! Sí.

—Pues es uno de los oncólogos más famosos del mundo: Raúl Bosch.

—¿Y ella?

—Su mejor colaboradora: Rita Iowsky. Siempre

le acompaña. Es rusa. Él es un personaje muy curioso.

—Sí, eso se ve.

—Vive en Suiza, pero es de nacionalidad británica. Está casado con una multimillonaria norteamericana. Parece que es ella quien le paga sus investigaciones. ¿Sabes? Tiene uno de los centros más importantes del mundo en la investigación del cáncer: el Hospital Internacional del Cáncer, o algo así. Dicen por ahí que, últimamente, ha hecho un descubrimiento muy importante. No sé si será cierto.

—¿Y ése que está a su lado? El bajito, del pelo rizado...

—Ah, ése es un buen amigo mío. Italiano. Francesco Mattei Bono, un famoso genio de la informática. ¿Quieres que te lo presente?

—Luego, luego...

—El alto es Pedro Salagater. Lo debes conocer, ¿no? Sociólogo, especialista en medios de comunicación de masas y esas cosas... Un tío muy majo. Vive en Holanda, pero es de Salamanca[18].

—¿Y el que está hablando con él?

—Juan Pedro Marinero. Oceanógrafo y novelista. Un hombre muy polifacético...

Por fin empieza a salir el equipaje. Todos los pasajeros miran fijamente cada una de las maletas, buscando ese pequeño detalle, una etiqueta, una cerradura rota..., eso que hace de una maleta algo único e inconfundible.

Pepe recoge la suya.

—¿Dónde vas a estar? —le pregunta Nacho.

—Pues lo malo es que iba a casa de un amigo,

pero le acabo de llamar y no contesta. Tendré que buscar hotel.

—¿Por qué no te vienes con nosotros al Parador en un taxi? El Congreso va a ser allí y lo tenemos prácticamente todo reservado, pero igual alguien no viene. Ya sabes, siempre hay alguna anulación. El Parador es un sitio fantástico...

—Perfecto. Vamos a probar. Sería divertido...

Saludan a los demás con un "hasta ahora" y van hacia la parada de taxis.

* * *

En la recepción del Parador ya hay muchos congresistas. Hay también, además de los empleados, varias azafatas que dan a cada uno de los participantes horarios, mapas, folletos de la ciudad y toda la información que piden. Son todos científicos y hacen muchas preguntas. Las azafatas sonríen, contestan y les ponen en la solapa una tarjeta plastificada con su nombre, su cargo y su nacionalidad.

También Pepe y Nacho están en la recepción.

—Hola, buenas noches. Soy Ignacio Villa —dice Nacho al recepcionista.

—Buenas noches, Sr. Villa. Le estábamos esperando. Ha habido un par de llamadas para usted y hay un par de cosas que...

—Sí, perdone. Ahora nos ocupamos de todo, pero antes, una pregunta: ¿queda alguna habitación libre? El Sr. Rey, que es amigo mío, está muy interesado en estar en el Parador. Es periodista y le encantaría... —miente Nacho.

—Pues, sí. Precisamente acaba de llamar D. Daniel Mackin para decir que no podrá venir. Así que le podemos dar la 301. Es una habitación estupenda, con una vista maravillosa.

—¡Qué bien! ¡Qué suerte! —dice Pepe.

—Oye, yo ahora te dejo. Hay un montón de cosas y gente esperándome. Tengo que hablar con Natividad Moreno de la Ribera, la secretaria del Congreso, y...

—Por supuesto, por supuesto. No te preocupes en absoluto por mí. Habrá tiempo para todo.

En ese momento llegan varios de sus compañeros de vuelo. Entre ellos, el Dr. Bosch y la Srta. Iowsky. Los recepcionistas hablan entre sí, nerviosos. Parece que hay algún problema con sus habitaciones.

—¿Pasa algo? —pregunta Bosch.

—No, nada, señor. No se preocupe. No encontrábamos su reserva, pero ahora mismo lo arreglamos —dice uno de los recepcionistas.

—Mira, ponle de momento en la del Sr. Forster, que no llega hasta pasado mañana y, luego, ya veremos... —le dice el otro empleado a su compañero en voz baja mirando el libro de registro.

—Vale, sí. Mire... Aquí tiene la llave. Podría ser que tuviéramos que cambiarle de habitación a mediados de semana. Pero igual no. Ya le avisaremos. Disculpe las molestias, pero es que...

—Comprendo, comprendo. No pasa nada. He estado en muchos hoteles en mi vida y le aseguro que éste no parece ser el peor —dice el Dr. Bosch alejándose con una gran sonrisa.

Naturalmente, Pepe está escuchando mientras finge que le interesan muchísimo las postales del hotel. No sabe por qué, pero el Dr. Bosch, con su pajarita, sus gafitas de oro de los años veinte, su barba blanca a lo Freud, le parece un personaje extraordinario, magnético.

Pepe se dirige de nuevo al recepcionista.

—¿Hasta qué hora está abierto el restaurante? —le pregunta. Está de buen humor y tiene apetito.

* * *

Pepe sube a la habitación en ascensor. Le encanta, cada vez que llega a un hotel, descubrir lo que durante unos días será su casa: abre todos los cajones, pone la tele, el hilo musical, mira en la nevera, las toallas, prueba la cama...

Después de inspeccionar la habitación, se ducha y vuelve a llamar a Manolo. Todavía no está.

Se pone su nueva camisa rosa. "¿Le gustarán a Diana los hombres de rosa?", piensa preocupado por un momento.

Coge la americana, la cartera y sale. Sí, tiene mucho apetito y también ganas de observar a los especiales clientes del Parador: los miembros de la AICP. Además, en los paradores no se suele comer mal.

Ni en el bar ni en el comedor está Diana. Mala suerte, Rey. Pero seguro que está en el Parador. Eso lo sabe. La ha visto entrar delante de ellos. ¡Paciencia!

* * *

A Pepe le gustan los hoteles. Siempre ha pensado que, si fuera rico, viviría en el Ritz[19]. Le gusta tomar algo en el bar, antes de cenar, hacerse amigo del "barman", observar a los clientes entrar y salir... Imaginar sus vidas y sus relaciones desde su rincón de la barra.

Será deformación profesional... Le apetece pasar unos días en el Parador y por eso no le preocupa que su amigo Manuel no esté en Granada. Su amiga le ha dicho que ha ido a La Coruña[20] a ver a su familia, pero que probablemente vuelva a mediados de semana. Tendrán tiempo para hablar. Además, en el Parador está Nacho... Y ese curioso grupo de "cerebros", una "especie" realmente interesante de observar.

Ahora, después de varios "finos"[21] y de media botella de Valdepeñas[22] con la cena, está contento, pero un poco cansado. Va despacio hacia su habitación pensando que ya sabe algo importante: el "barman" se llama Isidro. Va a ponerse a leer un rato en el balcón. Hay luna llena, el aire huele a jazmín y tiene en la maleta, aún sin deshacer, la última novela de Vázquez Montalbán[23]. "¿Qué más puedo desear?", se pregunta sonriente mientras se dirige hacia la 301 por un pasillo alfombrado y silencioso. "Hombre, pues, tomar una copa con Diana, la corresponsal italiana. Pero eso...", piensa, luego. Pepe mira el reloj: son las once y diez.

En ese momento, mientras Pepe, ante la puerta de su habitación, busca la llave, la de la 305 se abre bruscamente. Rita Iowsky, la colaboradora rusa del Dr. Bosch, sale corriendo. Mira a izquierda y derecha. Ve a Pepe y se para un instante. Luego, hace un gesto con la cabeza que se parece a un saludo y sigue andando por el pasillo. Pepe oye que intenta abrir la puerta de la 309.

—¿La ayudo? —le pregunta desde lejos.

—No, gracias, no hace falta. Ya está. Muy amable —responde ella seca y nerviosamente. Y sin decir más entra en la habitación. Pepe pone su llave en la cerradura. También le cuesta abrir. "Estas puertas van fatal", piensa. Entra en su habitación. Sigue pensando en su vecina de planta, en Rita. "¿Quién estará en la 305? Los hay con más suerte que yo", piensa Pepe. Recuerda a su bella periodista y se promete que, mañana, en recepción, conseguirá saber quién vive en la 305.

En Pepe la curiosidad es su profesión y su deporte favorito.

*   *   *

Pepe se despierta tarde. Hace un día magnífico y decide que, naturalmente, lo primero que va a hacer será visitar la Alhambra y el Generalife. "¡Vacaciones! ¡Qué felicidad!", piensa mirándose en el espejo del ascensor y notando que ya tiene mejor cara.

Pero ya al pasar por la recepción nota algo raro en el ambiente: un nerviosismo, una extraña electricidad en el aire que no sabe definir, pero que siente como un gato. El que parece ser el director está hablando con cara de preocupación con dos individuos que tienen pinta de policías. Pepe reconocería a la "pasma"[24] a un kilómetro. "¿Qué debe pasar?", se pregunta Pepe. "¿A mí qué me importa? A desayunar", se dice luego, aguantando las ganas de pararse a averiguar algo.

En cuanto acaba de untar la primera rebanada de pan con mantequilla, aparece en el comedor, andando muy deprisa y muy serio, Nacho Villa. Busca a alguien. A Pepe Rey.

—Pepe.

—Buenos días.

—Pepe, ha pasado algo muy grave —dice Nacho

sin darle los buenos días. El flequillo le cubre media cara.

—¿Cómo?

—Han asesinado a Raúl Bosch. Hace un rato una camarera ha encontrado el cadáver en la bañera.

—No me digas.

—Me gustaría que tú…

—Pero, Nacho, yo…

—Sí, ya sé. Estás de vacaciones. Unas vacaciones que necesitas mucho. Pero yo no me fío de la policía… Es muy importante, para la Asociación y para mí, aclarar esto. Hay muchos intereses creados, ¿sabes? Nuestra Asociación no está muy bien vista por algunas potencias… En fin, a muchos les gustaría vernos metidos en una historia sucia. Yo… Te lo pido como un amigo. La Asociación, por supuesto, te pagará tus honorarios.

¿Cómo decirle que no? Que necesita oír la música del agua de la Alhambra²⁵, perderse en las callejuelas del Albaicín²⁶, buscar a Diana, olvidarse de que es detective…

*   *   *

—¿Ha venido la policía? —pregunta Pepe.

—Sí, claro. Ahí están. Un tal inspector Manzanares. No parece mal tipo. Luego te lo presento —responde Villa.

—¿Cómo lo han hecho?

—Un golpe en la cabeza. Tendremos más datos mañana, con los resultados de la autopsia. Precisamente el forense es un conocido mío. Tendremos información de primera mano.

—Diles a los de la recepción que, si alguien se va, nos avisen. ¿Tienes alguna idea de por qué se lo han "cargado"?[27].

—No sé... Ya te dije que se comentaba que había descubierto un nuevo tratamiento de algunos tipos de cáncer. Y que era un hombre muy especial. Nunca quiso tener nada que ver con las multinacionales de la industria farmacéutica. Quizá...

—Sí, quizá haya algo de eso. Tendré que hablar con la Iowsky. Eso es lo primero. ¿Y la inauguración?

—El programa sigue igual. Vienen el Ministro de Educación y Ciencia y el de Cultura, el Presidente de la Junta de Andalucía[28], el alcalde... ¿Estarás?

—Si no hay más remedio —dice Pepe sonriendo a su viejo amigo.

* * *

Pepe, mientras va hacia la habitación de la ayudante de Bosch, piensa que le hubiera gustado conocer al doctor. Le caía bien... Recuerda también, ahora en el pasillo, la extraña salida de Rita Iowski de la 305. Ahora, después de hablar con los recepcionistas, sabe que ésa era la habitación de Bosch. También sabe que el asesinato se cometió el día anterior, por la noche. Eso ha dicho el inspector Manzanares.

* * *

Rita Iowski abre la puerta. Se le ve el miedo en los ojos.

Pepe la observa mientras se presenta. Es muy delgada, ojos y pelo grises, mirada dura y boca poco acos-

23

tumbrada a sonreír. Aunque parece de hielo, es atractiva. Se le nota que ha estado llorando.

—Soy José Rey, detective privado. Me han encargado que investigue la muerte de su jefe.

—¿Ahora mismo? No creo que pueda ayudarle mucho. Ya he hablado con la policía —responde Rita muy tensa.

—Sólo serán unos minutos. ¿Puedo pasar?

Entran en la habitación y se sientan.

—¿Tenía enemigos el Dr. Bosch?

—Sí, muchos. Todas las personas brillantes tienen enemigos, ¿no cree?

—Es posible. ¿Qué tipo de enemigos?

—De todo tipo: la familia de su mujer, colegas envidiosos de sus éxitos, directivos de industrias que querían que trabajara para ellos...

—¿Le había notado preocupado últimamente? ¿Había pasado algo especial?

—Sí. Antes de venir, le robaron unos documentos importantes sobre sus últimas investigaciones. Estaba preocupado. Me dijo que me lo quería contar con calma cuando llegáramos...

—¿Y no se lo contó anoche?

—No. Dijo que estaba muy cansado. Que hoy tendríamos tiempo de hablar. Raúl... Quiero decir el Dr. Bosch... el año pasado tuvo un infarto y tenía que cuidarse mucho. Yo no insistí.

—Una última pregunta de momento, señorita Iowsky...

—¿Sí? —Rita se pone rígida. Sabe cuál es la siguiente pregunta.

—¿Qué fue usted a hacer a la habitación del Dr. Bosch anoche?

—Me llamó para que fuera a recoger una copia de su conferencia. Tenía que dar una conferencia esta tarde. Lo sabe, ¿no?

—Sí, lo he visto en el programa.

—Yo siempre le echaba un vistazo a sus conferencias cuando las daba en español. Yo soy de nacionalidad británica, de origen ruso, pero mi madre era argentina.

Pepe ya lo había notado[29]. Rita tiene en español un claro acento porteño.

—Tendremos que volver a hablar...

—Sí, claro, me lo imagino —dice ella sin demostrar mucho entusiasmo.

Los ojos y la nariz de Rita siguen rojos del llanto.

*   *   *

En la Sala de Actos, debajo de una gran pancarta en la que pone "III Congreso de la Asociación Internacional de Científicos por la Paz", hay varios políticos y varios Premios Nobel intentando inútilmente demostrar que "aquí no ha pasado nada". Tras un minuto de silencio por el colega muerto, tres o cuatro pequeños discursos, Nacho Villa es el último en hablar. Se le ve preocupado, pero sereno.

Pepe aprovecha para observar a los participantes. Hay pocas mujeres y pocos jóvenes.

Las cámaras de televisión filman, y brillan los "flashes" de los periodistas. En la primera fila, Diana. Tiene un pequeño magnetofón que levanta para grabar todo lo que se dice.

Aplausos, manos que se estrechan, gente que se reconoce, o que no se reconoce y se identifica, presentaciones... Alguien anuncia por un altavoz que se va a servir un "vino español"[30] en uno de los salones.

Todo el mundo, Premios Nobel incluidos, ataca los tacos de tortilla Sacromonte[31], los de jamón y, muy especialmente, los canapés de salmón, que desaparecen a la velocidad de la luz. ¡Y es que esto de adaptarse al horario español...! Son ya las dos y media[32]. Suerte que todo está buenísimo.

Exactamente en el momento en que Pepe acaba de meterse en la boca un canapé demasiado grande, oye a su lado la voz de Diana.

—¿Qué? ¿Se terminaron las vacaciones?

Pepe hace esfuerzos inhumanos para tragarse el canapé.

—¿Qué opina, Rey, de lo de Bosch?

—¿Es una entrevista?

—No, es curiosidad "amateur".

—La verdad es que todavía no sé nada. Absolutamente nada. Quizá mañana, con la autopsia... ¿Conocía usted a Bosch?

—Sí. Le conocí el año pasado en Viena, en el segundo Congreso. Un tipo muy interesante —responde Diana.

Por un momento Pepe se siente valiente.

—Diana... Me gustaría hablar con usted. Como usted le conocía, a lo mejor...

—Ah, pues, cuando usted quiera... Yo, a la mayoría de las conferencias, no pienso ir. Se entera una de muchas más cosas en el bar y en los pasillos, ¿no? ¿Qué le parece si esta noche cenamos por ahí? —le propone Diana.

Pepe está sudando. Piensa que es una suerte no

26

llevar todavía la camisa rosa. Está a punto de saltar de alegría cuando oye a Diana que dice:

—Le voy a llevar a un pequeño restaurante muy íntimo que conozco en el que se come de maravilla... A las nueve en el bar, ¿vale?

* * *

A las nueve en punto Pepe está fumando un cigarrillo tras otro en el bar, como estaría un adolescente el primer día que invita a una chica a salir. A las nueve y diez entra en el bar Diana, busca a Pepe, lo descubre en un rincón y se le acerca sonriendo.

—¿Qué tal? —le dice tendiéndole la mano.

—Muy bien, ¿y tú?

—La verdad es que un poco cansada. Llevo unos días con muchos viajes y todo eso.

Por un momento Pepe tiembla ante la posibilidad de que Diana le diga que no quiere ir a cenar. Respira tranquilo cuando la oye decir:

—¿Vamos? El restaurante no está muy lejos. Podríamos ir a pie. Me apetece pasear un poco.

—Perfecto.

"¿Qué mejor que un paseo a la luz de la luna?", piensa Pepe ya un poco más tranquilo.

Durante el paseo hacia el restaurante hablan de todas esas cosas poco interesantes de las que hablan las personas que acaban de conocerse. Dónde viven, desde cuándo... Hablan, cómo no, también un poco del tiempo, de lo agradable de esta noche de junio de luna llena. Los jardines de Granada huelen a flores, a jazmín, y Pepe se siente feliz.

* * *

Pero no se siente tan feliz cuando el "maître" del restaurante, que, por cierto, le parece muy agradable, con velas y flores en las mesas, ideal para declararle a una mujer amor eterno, les acompaña a una mesa que está exactamente al lado de una grande y ruidosa, llena de conocidos: Nacho Villa y un montón de congresistas. Imposible irse. Imposible decirle a Diana todo lo que piensa de sus ojos.

Vienen luego las presentaciones. Demasiadas, como siempre en estos casos, para recordar un solo nombre. No se sabe muy bien quién, desde luego Pepe no, decide que lo mejor es juntar las dos mesas y que Diana y el detective cenen con los demás. Pepe sospecha que la idea es de un tal Ismael Conde, que consigue que Diana se siente a su lado y Pepe al lado de un físico rumano. Diana mira a Pepe, le guiña un ojo y levanta los hombres como diciendo "lo siento". Eso le tranquiliza un poco. Después la invitará a tomar una copa.

La cena, sin embargo, resulta agradable. Todos olvidan por un rato lo que ha pasado en el Parador, beben un poco más de lo necesario, cuentan anécdotas divertidas... En el grupo hay gente interesante: una cantante de ópera, Estrella Solokivikz, que va a actuar mañana para los congresistas; un famoso editor, Angel Mezquita; Gabriela Márquez, ecologista argentina especializada en la defensa de las focas; una actriz, Helena Massó; una diplomática, Marisol Hernández, embajadora de España en Irak, y algunos científicos, que están sentados demasiado lejos de Pepe para que pueda llegar a saber quiénes son. Por supuesto, también están Mattei, Salagater y Marinero, un

«*Todos olvidan por un rato lo que ha pasado…*»

grupo de gente maja, piensa Pepe, a pesar de que le han estropeado la noche.

Después del café, algunos proponen ir a bailar. Alguien dice que hay una discoteca muy cerca del restaurante. Salen todos juntos y está claro que no hay más remedio que ir a bailar. Pepe, que sólo sabe bailar boleros[33], pero que cuando baila boleros se pone insoportablemente romántico, recupera su lugar junto a Diana.

A unos cien metros hay una sala de baile como las de antes, con una pequeña orquesta y poca luz. Se llama "Bésame mucho" y, cuando ellos entran, la pequeña orquesta empieza a tocar, no podía ser de otra manera, uno de los boleros preferidos de Pepe: "Reloj, no marques las horas..." Pepe está seguro de que va a ser una noche inolvidable.

—¿Bailas? —le pregunta Pepe a Diana.

* * *

El Dr. Emilio Laguna está sentado detrás de una gran mesa blanca, en una gran sala blanca. Lleva unas pequeñas gafas doradas en la punta de la nariz, de ésas que sirven para ver de cerca. Frente a él, Pepe y Nacho le escuchan muy atentos. Una enfermera, alta y delgada, con una larga trenza negra que le golpea en la espalda, entra y sale del despacho. Parece como si quisiera llamar la atención de esos tres hombres, que no le hacen ningún caso.

Laguna es un viejo amigo de Villa y el forense que lleva el caso Bosch.

—La muerte fue a eso de las once. Ya sabéis que se estaba duchando, ¿no?

—Sí, nos lo ha comentado el inspector Manzanares...

—Bueno, pues le dieron un golpe en la cabeza con un objeto metálico, una herramienta o algo así. Hemos encontrado restos de óxido y de tierra en la herida. Perdió el conocimiento y murió ahogado en la bañera.

—No parece muy "profesional" que digamos —comenta Pepe.

—No —responde el Dr. Laguna—. Un golpe así hubiera podido no ser mortal. Era un hombre fuerte y no tan viejo...

—A lo mejor sólo querían asustarle. Sufría del corazón...

—Sí, quizá, pero fue un golpe muy fuerte.

Los tres hombres se quedan un momento en silencio. Tras unos segundos, es Pepe quien habla.

—¿Hay algo más que pueda sernos útil?

—Quizá. Hemos encontrado un poco de carmín en los labios del Dr. Bosch.

—Una mujer...

—Sí, y hay algo más: el Dr. Bosch acababa de hacer el amor.

—¿Está usted seguro? —pregunta Nacho algo sorprendido.

—Sí, segurísimo. Eso con la autopsia puede saberse.

— ¿Y el golpe? Quiero decir..., ¿pudo ser una mujer?

—No sé... Fue un golpe muy fuerte. Me da la impresión de que fue un hombre quien le golpeó. O una mujer muy fuerte, una deportista o algo así.

Pepe y Nacho le dan las gracias a Laguna y salen del Instituto Médico Forense[34] serios y en silencio.

—A ver qué dice la policía sobre las huellas… Está también lo de la ventana —dice Pepe.

—¿Qué quieres decir?

—Que me parece que el que lo hizo, o la que lo hizo, conocía muy bien el hotel, la manera de llegar hasta esa ventana y todo eso.

—¿La puerta estaba cerrada por dentro?

—No lo sabemos. Es de ésas que se cierran solas.

—Ah, ya.

—Pero esa noche hacía fresco. Lo recuerdo muy bien. Demasiado fresco para ducharse con la ventana abierta, ¿no crees?

Los dos viejos amigos siguen andando serios y en silencio. Pepe piensa que tiene que volver a hablar con la Iowsky, observar al personal del hotel y hacerse amigo del inspector Manzanares para que le dé más información.

* * *

Hace un día formidable. Nacho tiene un montón de cosas que hacer y Pepe se queda un rato paseando solo por los jardines del Parador. La verdad es que tiene un poco de resaca: demasiados boleros. Aunque se siente joven, feliz y enamorado, sabe que sólo ha dormido un par de horas y que tiene que ponerse a trabajar. Tiene las ideas poco claras, pero hay que empezar. "¿Dónde estará Rita?", se pregunta.

Se asoma a la sala de actos, donde está hablando un conferenciante japonés, y busca a la Iowsky. No está. Piensa que lo mejor será preguntar en recepción. Uno de los recepcionistas le dice que acaba de salir. Pepe empieza a correr hacia la puerta y varios congresistas le miran asustados. A lo lejos, en la calle que va hacia el centro de la ciudad, ve a Rita, andando rápido. Algo le dice que es mejor no llamarla. "¿A dónde irá con tanta prisa?" En unos minutos, llegan al centro y cruzan la Plaza Nueva. Rita se para un momento a hablar con un guardia urbano. Le pregunta una dirección. Los dos miran un plano. Rita le da las gracias al guardia con una sonrisa triste y sigue andando a toda velocidad. Ahora hacia el Albaicín.

Por pequeñas calles blancas y llenas de jardines llegan hasta la Iglesia de San Nicolás. No hay mucha gente en la calle a esta hora y Pepe tiene que seguirla de lejos para no ser descubierto. A veces tiene miedo de perderla. Sería una pena porque le parece que la cosa se está poniendo interesante.

En una esquina Rita duda un momento, consulta otra vez el plano, mira el nombre de la calle. Está claro que nunca antes ha estado por aquí y que no está haciendo turismo. Busca algo muy concreto.

Por fin, delante del número 11 de un pequeño callejón, se para. Ha llegado a su destino: una casa blanca, pequeña pero bien cuidada, rejas y geranios que cuelgan de las ventanas y un inmenso jazmín que cubre la puerta de entrada. En el patio interior hay un ciprés muy alto, varias jaulas con pájaros y una mujer de mediana edad que canta una canción triste mientras barre.

Pepe ve a Rita entrar y decide esperarla. Pasan unos diez minutos y Rita vuelve a salir. Se nota que ha llorado. Ahora anda despacio, como sin saber a dónde ir. De pronto se apoya en un árbol. La vista es magnífica. Al fondo se ve toda la Alhambra y, detrás, Sierra Nevada[35]. Aún hay un poco de nieve. Pero

33

«*Al fondo se ve toda la Alhambra y, detrás, Sierra Nevada.*»

34

Rita esconde la cara entre sus manos. Algo grave está pasando, pero Pepe sabe que no es el momento de hablar con ella. Habrá otros momentos más adecuados. Ahora hay que volver al callejón, al número 11.

* * *

En el número 11, la mujer sigue barriendo y cantando.

—Buenos días. Mire, me han dicho que esta casa está en venta y quisiera hablar con el propietario. ¿Es usted?

—¿En venta? Me parece que se equivoca de casa. ¿No será el número 14, la de la esquina?

—No, no, me han dicho que era ésta, el 11...

—¡Qué raro! El Sr. César no me ha dicho nada...

—¿El Sr. César?

—Sí, el dueño. Si quiere hablar con él..., lo mejor será que venga por la noche. Ahora estará trabajando, en el Parador o en el Generalife[36]. Es jardinero, ¿sabe usted? Y trabaja en los dos sitios.

—O sea, que por la noche...

—Sí, quizá. Aunque no es seguro. A veces no duerme aquí. Tiene también una casa en un pueblo, en Capileira, creo, y algunos días se va allí.

—Bueno, pues muchas gracias y perdone la molestia.

—De nada, hombre. Y vuelva a preguntar qué casa es la que se vende. Yo no creo que sea ésta. El Sr. César lleva ya muchos años aquí y siempre dice que no se va a ir ya de Granada.

—¿No es de aquí?

—No, es extranjero. No sé de dónde, pero extranjero.

"¿Ruso, inglés...?", se pregunta Pepe.

—¿Y usted se ocupa de la casa? —pregunta Pepe.

—Pues sí, vengo a limpiar un par de veces por semana, un rato. Ahora ya estaba terminando —contesta la mujer.

—Bueno, pues hasta la vista, y gracias de nuevo.

—Adiós, adiós.

Pepe piensa que lo mejor es esperar un rato y, cuando se haya ido la señora de la limpieza, visitar otra vez la casa.

* * *

A los pocos minutos Pepe ve a la mujer salir. Se mete en un jardín para que no le vea, espera unos minutos y va hacia la casa.

La puerta del patio no está cerrada y la de la casa tiene una cerradura muy fácil de abrir. En unos segundos está dentro. La casa huele a limpio. Hay pocos muebles, muchos libros y un gato que le mira curioso. Una cocina en la que se guisa poco, un pequeño baño, un dormitorio donde duerme un hombre solo o eso le parece a Pepe, un cuartito con herramientas y ropa de trabajo... Pepe vuelve al salón. Hay un mueble con cajones. En el primer cajón hay un poco de todo: facturas, bolígrafos, una cámara, algunos cassettes y... una foto. Pepe la coge y la mira con atención. Es una foto vieja de un grupo de personas. Pepe reconoce en seguida a una de ellas: Rita Iowsky, algunos años más joven. Hay otra mujer joven y tres hombres. La cara de uno de ellos le parece familiar. "¡Es Bosch, claro!", descubre de pronto Pepe. "Mucho más joven, por supuesto. Por eso no le he reconocido al principio", se dice a sí mismo cada vez más excitado por el descubrimiento.

En el mismo cajón, dentro de una cartera, hay un pasaporte. "César Valbuena, nacido en Buenos Aires, el 3 de abril de 1946..." "De origen argentino, como Rita", piensa Pepe. En la foto aparece un hombre de mediana edad, de mirada dura y algo triste. Es el hombre joven de la foto. Pepe la vuelve a mirar y ve algo que no había visto antes: detrás pone, a lápiz, "Túnez, febrero 1966".

Pepe vuelve a dejar el pasaporte en su sitio, sale de la casa con la foto en el bolsillo y se pregunta cuál debe ser el siguiente paso.

Se siente cansado y tiene calor. Todavía tiene resaca y decide volver al Parador, darse una ducha, tomar una aspirina y... buscar a Diana. Luego seguirá trabajando.

* * *

Mientras se ducha, Pepe piensa con rapidez: tiene que encontrar a César, el misterioso jardinero argentino, volver a hablar con Rita...

Suena el teléfono. Es Nacho que quiere saber cómo van las cosas.

—He descubierto algunas cosas curiosas, pero no tengo nada seguro. Necesito un poco más de tiempo. Dos cosas importantes: primero, Rita Iowsky no debe marcharse de Granada...

—Tranquilo, no se va. Ha decidido leer la comunicación que iba a presentar Bosch. Una especie de homenaje..., ya sabes.

—¿Y cuándo será eso?

—Pasado mañana.

—Vale, hay tiempo. Y otra cosa... ¿Sabes qué hacía Bosch en Túnez en el 66?

—Alguien me ha contado que durante unos años trabajó con un equipo de arqueólogos... Sí, sí, ahora me acuerdo, en el Norte de Africa, precisamente. Eso fue hace años, antes de dedicarse a la oncología.

—Ahora entiendo.

—¿El qué?

—Lo de las botas en la foto.

—¿Qué botas? ¿Qué foto? Pepe, ¿por qué no me cuentas...?

—Más tarde, más tarde... —le corta Pepe.

No necesita mirarla para recordar con detalle la vieja foto. Todos llevaban botas y están en un lugar que podría ser unas excavaciones arqueológicas en el desierto.

* * *

En la recepción del Parador, Pepe pregunta de nuevo por Rita. Le dicen que está en su habitación, pero que ha dicho que nadie la moleste. Luego le explican, un poco extrañados por sus preguntas, que el jefe de los jardineros es un tal Núñez y que quizá lo encuentre por el jardín.

Núñez es un hombre gordo y comunicativo al que le gusta que le hagan preguntas y que le escuchen.

—¿César? Pues sí, trabaja con nosotros desde hace años. No puedo decir que le conozca bien, no... Es un hombre muy callado. Muy trabajador, le gusta su trabajo y lo hace bien... Es argentino, me parece.

Llegó a Granada hará unos veinte años. Y en seguida se puso a trabajar como jardinero. Al principio no sabía nada del oficio, pero fue aprendiendo. ¡Dicen que antes era arqueólogo!

—¿Dónde puedo encontrarle?

—Hoy no le toca venir aquí. También trabaja en el Generalife. Tal vez ahí. ¿Quiere que le dé algún recado si le veo?

—Sí, me hará un favor. Dígale que le busca un viejo amigo. Hace muchísimo tiempo que no nos hemos visto, ¿sabe? Estoy aquí mismo, en el Parador, en la 301. Y gracias...

*   *   *

Pepe ha esperado inútilmente que saliera Rita de su habitación. Cansado de estar sentado en la recepción, decide darse una vuelta por el bar. En el Generalife tampoco ha tenido suerte: le han dicho que hoy, cosa rara en él, César Valbuena no ha ido a trabajar. Tampoco ha llamado para avisar.

En el bar, Pepe pide un zumo de tomate. Son ya las tres y aún no ha comido.

Al cabo de un rato entran en el bar Francesco Mattei, Nacho y Pedro Salagater.

—¿Qué tal, Pepe?

—Psé...

—¿Vienes a comer con nosotros?

—Sí, perfecto. No me apetecía nada tener que comer solo.

Después de haberse instalado en el restaurante y haber elegido qué van a tomar, los tres científicos comentan el programa de la tarde. Parece que hay una intervención muy interesante de un geólogo finlandés.

—Pepe, vas a venir por la noche con nosotros, ¿no? —pregunta Nacho.

—¿Adónde?

—Perdona, pensaba que te lo había dicho... Vamos a visitar la Alhambra. La abren especialmente esta noche para los congresistas.

—La Alhambra de noche debe ser una maravilla, ¿no? —comenta Mattei.

—¡Claro que iré con vosotros! —dice Pepe.

—¿Tomamos el café aquí o en otro sitio? —pregunta Salagater.

—Por ahí hay una terraza con mesas. Se debe estar bien...

—Pues vamos.

—Yo os tengo que dejar. Tengo una cita —dice Pepe.

—¿Con una dama? —pregunta Mattei.

—Sí —responde Pepe pensando en lo poco agradable que será la entrevista con Rita si consigue verla.

* * *

Las puertas del ascensor se abren y aparece Rita frente a Pepe.

—La estaba buscando... —dice Pepe.

—¿Sí? ¿Qué quería?

—Hablar un rato.

—No tengo muchas ganas de hablar.

—Me lo imagino, pero yo sí.

—¿Damos un paseo? —le sugiere ella.

—Como quiera.

Salen al jardín y empiezan a andar en silencio.

—Rita... —dice al cabo de un rato Pepe—. Dígame la verdad, ¿qué pasó anteayer por la noche en la habitación de Bosch? Porque Bosch no era sólo su jefe... No me tome por idiota, por favor.

—Yo... No sé nada. ¡Y no quiero saber nada!

—Recuerde que la vi salir corriendo de la 305...

—Ah, ¡era usted! Sí, recuerdo que había alguien en el pasillo —responde pensativa.

—¿Qué pasó, Rita? Quiero ayudarla.

Rita hace un gesto de cansancio y empieza a hablar despacio.

—Yo estaba en la habitación... Sólo podíamos estar solos en los viajes de trabajo, ¿sabe? Si su mujer se hubiera enterado... Bueno, creo que hubiera sido muy grave para su carrera. Es ella la que mantiene la Fundación, la que pagaba sus investigaciones y para Raúl su carrera lo era todo.

—Siga, por favor.

—Ahora ya no importa. Nada importa... —dice distraída.

—¿Qué sucedió? ¿Cómo fue?

—Yo estaba en la cama. Habíamos hecho el amor y él fue al baño. De pronto oí un ruido muy fuerte. Le llamé una vez, varias veces...

—¿Y luego?

—Me levanté y entré en el baño. Estaba...

Rita se tapa la cara con las manos y no puede seguir hablando.

—Rita, sólo una pregunta más: ¿cómo estaba la ventana?

—¿La ventana? Abierta, creo. Sí..., abierta. Tuve miedo, mucho miedo. Durante muchos años he tenido miedo. Miedo de todo. Por eso no dije nada. Por eso me escondí en mi habitación.

Rita está algo más tranquila. Pepe sabe que será duro, pero tiene que dar el paso siguiente.

Saca de su bolsillo la vieja foto encontrada en casa del jardinero.

—Rita, ¿quiénes son?

—¿De dónde ha sacado esta foto?

—Eso no importa.

Está realmente asustada y le mira con la boca abierta.

—¿No quiere decírmelo?

—Sí, ¿por qué no? Este es Raúl; ésta, yo, y los demás..., unos arqueólogos. Estuvimos trabajando con ellos un tiempo en Túnez.

—¿Y éste? —pregunta Pepe señalando a César.

—¿Este? Ya se lo he dicho: un joven arqueólogo... No recuerdo su nombre...

—Miente muy mal, Rita.

—¿Qué quiere decir con eso?

—¿Quién es César Valbuena, Rita?

—No tengo ni idea.

—Eso no es cierto.

—Déjeme en paz, Rey. No tengo por qué explicarle nada a usted. Soy una estúpida. No sé por qué le he contado tantas cosas...

—Será porque necesitaba contárselas a alguien.

Rita se levanta de golpe del banco donde estaban sentados. Mira a Pepe muy seria y, sin decir adiós, se va hacia la entrada del Parador.

Pepe se siente mal. ¿Podía haber sido menos duro? Le da pena Rita pero sabe que miente. En

realidad su historia puede ser completamente falsa.
Puede, pero...

"No ha sido ella", piensa Pepe. "No tengo pruebas, pero no ha sido ella."

*　*　*

Realmente la Alhambra de noche es una maravilla. Los congresistas pasean fascinados por lo que ahora más que nunca, parece un palacio de Las mil y una noches. La gente habla muy bajo y camina despacio.

Pepe ha encontrado por fin a Diana y pasea con ella por el Patio de los Leones. El ruido del agua le hace sentirse tranquilo. Por fin.

Diana sabe mucho sobre la Alhambra y le va contando.

—Esto era la parte privada, el "harem", donde vivía el sultán y...

De pronto se oye un grito, luego voces, pasos de gente que se dirige hacia el Patio de los Arrayanes [37].

Se ha roto toda la calma de hace un instante.

—¿Qué debe pasar? —pregunta Diana.

Pepe la toma del brazo y van con los demás hacia el otro patio. Pepe se abre paso entre la gente.

En el estanque flota un cuerpo. Varias personas, con agua hasta las rodillas, se dirigen hacia él.

A los pocos minutos, sobre el mármol está el Dr. Forster, de nacionalidad británica, sesenta y tres años, de profesión arqueólogo... Había llegado esta tarde para participar en el Congreso. Al poco rato llega la policía.

—Tiene un golpe en la cabeza — dice el inspector

«En el estanque flota un cuerpo.»

Manzanares a Villa, que se aparta el pelo de la cara una y otra vez—. Como el otro...

Un especialista en estadística, también inglés, un tal Konckah, grita histérico:

—¡Quiero ver al cónsul inmediatamente! ¡Y marcharme de aquí...! Está claro que el próximo puedo ser yo, que también soy británico...

Pepe mira fijamente el cadáver. Le recuerda a alguien.

—¿Le conocías? —le pregunta Diana.

—Sólo de vista —responde él. Ahora ya sabe que es el tercer hombre de la foto.

* * *

Pepe da vueltas por su habitación. Busca un whisky en la nevera y se lo prepara. No suele beber whisky, pero hoy está nervioso. Sabe que será una noche larga. Tiene mucho que pensar, muchos datos que relacionar. Al rompecabezas todavía le faltan muchas piezas.

De pronto se le ocurre llamar a Susi. Se da cuenta de que echa de menos a su fiel secretaria. Todo le parecería más claro si pudiera discutir con ella el caso. Es tarde, pero no importa. Necesita hablar con ella.

Una voz soñolienta aparece al otro lado del teléfono.

—Diga...

—Susi...

—¿Es usted, jefe?

—Sí, soy yo. Perdona que llame a esta hora, pero es que necesitaba hablar contigo. ¿Dormías?

—¿A usted qué le parece? ¡Son las cuatro...!

—Lo siento, de verdad, Susi, pero es urgente.

—¿No estaba usted de vacaciones?

—Estaba.

—¿Ha pasado algo?

—Dos asesinatos.

—¡No me diga! ¿Quiénes eran?

—Oye..., sería muy largo explicártelo ahora. ¿Quieres hacerme un favor?

—¿Ahora mismo?

—No, puede esperar a mañana.

—Entonces, sí.

—Anota los nombres que te voy a decir y búscame toda la información que puedas encontrar.

—Espere, que coja algo para escribir. Ya... Diga.

—Raúl Bosch, de nacionalidad británica, pero residente en Suiza, médico.

—¿Con "ce hache" al final?

—Sí. Sigo... César Valbuena, de nacionalidad argentina, arqueólogo y jardinero.

—¿Cómo dice?

—Sí, Susi, he dicho arqueólogo y jardinero.

—¿Ya está?

—No, espera. Bernard Forster, arqueólogo también. Y una mujer: Rita Iowsky, de nacionalidad británica, pero de origen ruso y argentino. Iowsky. Con "doble uve", "ka" e "i griega".

—¿Y qué tengo que hacer exactamente?

—No sé... Es un lío. Me interesa especialmente un viaje que hicieron todos al Norte de Africa hace unos años. Creo que ahí está la clave.

—Jefe, yo no soy la Interpol... ¿por dónde empiezo a buscar?

—¿No tenías tú un ex novio arqueólogo?

—Sí, Ramiro.

—Eso, Ramiro, aquél bajito, con gafas que se parecía a Woody Allen.

—A Woody Allen, pero en guapo.

—Bueno, pues llámale. Son gente famosa y él sabrá cómo averiguar algo.

—Es que no nos hablamos desde hace ocho meses...

—Invítale a cenar, Susi. Hazlo por mí.

—Si usted me lo pide... Oiga, jefe, ¿no quiere que vaya a Granada? Le veo un poco preocupado. Quizá yo pudiera...

—No sé, tal vez. Búscame información y luego veremos, ¿eh?

—Vale. ¿Dónde puedo localizarle?

—Llama al Parador. Si no estoy, deja el recado.

—¿Es bonito el Parador, jefe?

—Precioso.

—Oiga, jefe, en la oficina...

—De momento no quiero saber nada de la oficina.

* * *

Al día siguiente Pepe habla con el inspector Manzanares. La policía está aún más despistada que él mismo.

El Congreso sigue, pero el ambiente está cada vez más tenso. Organizadores y participantes quieren parecer normales, pero está muy claro que nada es normal en esta extraña reunión de cerebros. Todos tienen miedo a ser el siguiente. Los británicos, los arqueólogos y los médicos, especialmente.

Pepe da una vuelta por el Parador, saluda a algunos conocidos, toma un café con Diana, que tiene prisa porque va a entrevistar a un químico famosísimo, y se pregunta qué hacer.

Piensa que lo mejor será volver a la casa del Albaicín, la casa del misterioso jardinero.

Unos veinte minutos después llega cansado ante la puerta. Al fondo se oye la voz de la asistenta. Pepe piensa que no estaría mal volver a hablar un poco con ella.

—¿Qué tal? ¿Cómo le va? ¿Encontró la casa que buscaba?

—Pues lo que ocurre es que me han vuelto a decir que es ésta. Que seguro que está en venta. ¿No ha vuelto el propietario?

—Pues no. Y es raro, porque el Sr. César no suele estar muchos días fuera de Granada. ¿Quiere que le dé algún recado si lo veo?

—Gracias, muy amable, pero prefiero hablar directamente con él. Volveré a pasar un día de éstos.

De pronto, en un rincón de la sala, a Pepe le llama la atención un periódico. El titular de un artículo está subrayado en rojo. Al lado del artículo hay una foto de Forster.

Sin dudarlo un momento se lo pide a la mujer.

—Oiga, ¿le importa si echo una ojeada a este periódico?

—No es de hoy, lleva un montón de días ahí. Pero el Sr. César no quiere que tire nada.

*   *   *

Después de salir de la casa, de despedirse amablemente de la mujer y de leer a toda velocidad el

48

artículo, Pepe siente que, en lugar de aclararse, las cosas se complican aún más. Según el periódico, Forster venía a Granada para dos cosas: para asistir al Congreso y para empezar unas excavaciones en los jardines de la Alhambra. Los jardines que cuidaba César. Pepe no entiende nada. Da un paseo por el Albaicín para pensar y finalmente decide volver al Parador y esperar tranquilamente noticias de Susi. Además, esta tarde quiere asistir a la lectura de la conferencia de Bosch a cargo de su colaboradora Rita.

Pero en el Parador todavía no hay ningún mensaje de su secretaria.

Pepe decide instalarse en el jardín y tomar un poco el delicioso sol de junio. Sabe que hay momentos en una investigación en los que hay que esperar.

* * *

A las dos del mediodía un botones lleva a Pepe un teléfono al jardín.

—Una llamada para usted, señor.

—Gracias… ¡Susi!

—Sí. Anote, jefe. He encontrado un montón de cosas sobre ellos. No sé si le ayudarán…

—Cuenta, cuenta.

—A ver… ¿Por dónde empiezo? Lo del viaje a Túnez le interesaba especialmente, ¿no?

—Sí.

—Fue una expedición arqueológica internacional. En los libros que hemos consultado citan a Forster, que era algo así como el jefe de la expedición, y a un colaborador suyo. Y ahora viene lo raro: el colaborador se llamaba César Romualdo Iowsky. ¿No se equivocó, jefe, al darme los nombres? Usted me habló de una mujer que se llamaba Iowsky y de un tal César. Pero ése se apellida Valbuena, ¿no?

—Susi, eres una maravilla.

—No entiendo nada, jefe.

—No importa. Yo sí que empiezo a entender algunas cosas.

—Pues qué bien. ¿Sigo?

—Sí.

—Las excavaciones duraron alrededor de unos catorce meses y fueron un gran éxito, pero...

—¿Pero qué?

—Se interrumpieron. Hubo un accidente. Un terrible accidente, dice el artículo que he encontrado. Murió la hija de Forster. Se nos ha ocurrido, luego, buscar en los periódicos de la época, a ver si decían algo. Y hemos encontrado algo que quizá sea interesante. Acusaron al tal César de la muerte, por imprudencia o algo así. Pero le declararon inocente en el juicio.

—¿Algo más?

—Sí, en varias revistas de oncología aparece el nombre o artículos de Bosch. De todos modos me ha parecido muy técnico todo. ¿Quiere que le mande fotocopias?

—No, no creo que me sirvan. Lo que me has contado me aclara muchas cosas.

—¿Voy a Granada, jefe?

—No creo que haga falta, Susi. Me parece que el caso está casi terminado.

—Una cosa más, Susi.

—¿Sí?

—¿Siguieron trabajando juntos después César Iowsky y Bernard Forster?

—La verdad es que en todos los libros y revistas que hemos hojeado va apareciendo el nombre de Forster y sus excavaciones, pero no se vuelve a hablar de Iowsky. ¡Ah!, otra cosa. Me ha comentado Ramiro, mi amigo el arqueólogo, que Forster venía ahora a España, a Granada, precisamente.

—Sí, mejor que no hubiera venido.

—¿Es uno de los muertos?

—Sí.

—Llámeme, jefe, en cuanto tenga un rato. Me muero de ganas de saberlo todo.

—Hasta pronto.

* * *

Por fin, Pepe tiene la sensación de que las cosas avanzan. Sabe muchas cosas. Muchas más cosas que el inspector Manzanares. Sabe por qué Rita visita la casa del jardinero, por qué no quiere reconocerle en la foto, por qué está tan asustada. Sabe por qué César Iowsky, su hermano, dejó un día la arqueología. Pero hay algo que todavía no sabe: ¿qué pasó realmente en Túnez? Sólo Rita puede contárselo.

Pero Rita no está en el Parador. Ni en su habitación, ni en el bar, ni en las sesiones del Congreso.

Pepe encuentra a Nacho Villa en un pasillo.

—¿Cómo va todo? —le pregunta.

—Fatal, imagínate. Los periódicos hablan de nosotros, pero no de lo que queríamos que hablasen, o sea, de la paz. ¡Un congreso por la paz en el que hay dos asesinatos!

Pepe no sabe qué decirle. Sabe que es realmente terrible, pero intenta animar a su viejo amigo.

—Ya verás como todo se aclara. Tranquilo.

—¿Sabes algo?

—Sé mucho. Pero te lo contaré cuando lo sepa todo, ¿vale? De veras, estamos muy cerca del final.

—Confío en ti. ¿Puedo ayudarte en algo?

—Sí. ¿Has visto a Rita Iowsky? Necesito urgentemente hablar con ella.

—Pues hoy no la he visto. ¿Has preguntado en recepción?

—No. Vamos.

—Perdone, ¿sabe usted dónde está la señorita Iowsky?

—No, no lo sé. Pero creo que ha salido. Esta mañana ha alquilado un coche.

—¿Un coche?

—Sí, ha dicho que quería hacer una pequeña excursión.

—¿Le ha dicho a dónde?

—Ha preguntado por un pueblo.

—¿Capileira?

—Sí —responde sorprendido el recepcionista.

—Yo también necesito un coche —dice Pepe.

* * *

Unos minutos después, un empleado del hotel le dice a Pepe que tiene un coche de alquiler en la puerta. En ese preciso momento aparece Diana.

—¿A dónde vas, Pepe?

—A la sierra.

—¿Puedo ir contigo?

—No va a ser una excursión agradable, te lo advierto.

—Más interesante todavía.

—Pero nada de fotos, ¿eh?

—O sea, que habrá noticia.

—Me temo que sí. Vamos, no hay tiempo que perder.

* * *

Pepe conduce en silencio, pero Diana tiene ganas de saber a dónde van.

—Vamos a buscar a Rita Iowsky y a su hermano.

—¿A su hermano?

—Sí. Es todo muy complicado. La historia empezó, me parece, hace unos años en Túnez con la muerte de una joven..., de la hija de Forster.

—¡No me digas! Es como una novela.

—Sí, una novela triste. Pero yo todavía no sé ni el principio ni el final.

Luego, durante el viaje, Pepe le cuenta a la periodista sus conversaciones con Rita, el hallazgo de la casa y de la foto, lo del periódico, la información que le dio Susi...

Diana le escucha seria. De cuando en cuando miran el paisaje, que es fascinante. Granada se va haciendo pequeña en el valle y la carretera va subiendo.

* * *

Capileira es un pueblo pequeño y blanco al pie de Sierra Nevada. Cerca se ve la nieve.

Entran en el pueblo y algo les llama la atención en seguida: una ambulancia delante de una casa. Los enfermeros están metiendo una camilla en el interior.

Diana y Pepe bajan del coche. A Pepe le da tiempo a reconocer al hombre de la camilla: César Valbuena o Iowsky, o como se llame, algunos años más viejo que en la foto de Túnez. Está inconsciente.

Algunos campesinos rodean la casa y miran curiosos a la pareja recién llegada. Hay también una pareja de la Guardia Civil[38]. Pepe convence a los guardias civiles de que es un íntimo amigo de la familia y consigue entrar en la casa. Como imaginaba, en el interior está Rita. Ella, al verlos llegar, no se sorprende. Da la impresión de que todo le da lo mismo.

—¿Cómo está César?

—Mal, muy mal. Ha intentado suicidarse. El médico dice que con un lavado de estómago...

—¿Va a ir en la ambulancia?

—Es mejor que no. ¿Ustedes llevan coche? —interviene el médico.

—Sí, la llevaremos nosotros.

—Vamos al Hospital Provincial.

Rita se deja llevar hasta el coche.

* * *

Treinta y cinco minutos después entran a toda velocidad en la ciudad de Granada y al cabo de un rato se encuentran los tres, Rita, Diana y Pepe, en una triste sala de espera al lado de la UVI[39], donde están intentando salvar a César. Han hecho el viaje en silencio. Pepe sabía que no era el momento de preguntar. Por suerte, el inspector Manzanares no sabe nada de todo esto y eso le da más tiempo. Además, el culpable ya no puede escapar...

De pronto, Rita empieza a hablar como si alguien le hubiera pedido que contara la historia. Diana pone en marcha discretamente una pequeña grabadora.

—Sí, César es mi hermano. Lo que pasa es que cuando vino a España, después de todo aquello, se cambió el apellido. Quería olvidar, olvidar su pasado, olvidarme a mí...

Pepe sabe que ahora ya puede intervenir. Incluso que Rita necesita hablar.

—¿Qué es "todo aquello", Rita?

—En los 60 estuvimos en Túnez. Nosotros, César y yo, quiero decir, éramos muy jóvenes. Sería largo contar cómo y por qué fuimos a esa expedición... A César, que había acabado sus estudios hacía poco, ese viaje le interesaba muchísimo. Se trataba de encontrar los restos de una ciudad romana que se había tragado el desierto.

—Siga...

—Las condiciones de trabajo eran muy duras, pero formamos un equipo muy agradable: el jefe, Forster; un médico amigo suyo, o sea, Raúl; la hija de Forster, que también estudiaba arqueología; César y algunos otros arqueólogos. La verdad es que nos llevábamos muy bien. Para todos fue una experiencia apasionante. Luego..., todo el mundo se volvió loco...

—¿Qué sucedió?

—César y Jasmina, la hija de Forster, se enamoraron locamente.

—¿Y?

—A Forster no le gustó nada la idea de ver a su joven hija con un pobre arqueólogo, brillante, pero con el difícil futuro de los arqueólogos. Empezó a tratar mal a César. Creo que, en el fondo, eran celos. Forster, que se había quedado viudo cuando Jasmina era un bebé, quería demasiado a su hija. Quizá tenía miedo de perderla, no sé. En esa época... Jasmina se quedó embarazada. Forster, que tenía mucho poder sobre su hija, la convenció para que abortara.

—Y el médico fue Bosch.

—Exactamente.

—Y la cosa salió mal...

—Sí. Luego, tuvieron que buscar un culpable. Inventaron un accidente, en una galería de las excavaciones.

—Y usted, ¿ha sabido eso todos estos años?

—No. Yo, cuando pasó todo, estaba en Europa. Me habían mandado a buscar un material necesario para seguir las excavaciones. No volví a ver a César. Desapareció tras el juicio. Y creí la versión de la historia que me dieron los demás. Era verosímil: el verdadero culpable huye avergonzado. El otro día, al entrar en el baño, comprendí que César había vuelto. Le busqué, hablé con él, y entendí que durante muchos años yo había estado equivocada.

—¿Le dijo que iba a matar también a Forster?

—Sí. Intenté hablar con Bernard, pero no me tomó en serio. Dijo que veía fantasmas, que cómo iba a estar César en Granada...

Diana apaga su grabadora. Y todos se quedan callados unos minutos. Al rato habla Pepe.

—¿Pero por qué esperar tantos años? Podía haberse vengado antes.

—El me dijo que nunca había pensado en vengarse. Cambió de profesión, de vida, de país... **Ahora** era jardinero...

—Sí, lo sé.

—Creo que se volvió loco al saber que los dos culpables venían al lugar de su exilio, de su nueva vida. Además, Bernard Forster iba a empezar a excavar en el jardín que cuidaba César. Exactamente donde cultivaba los jazmines, en honor a Jasmina...

—¡Qué absurda es la vida a veces! —no puede evitar decir Diana.

*   *   *

Al cabo de unas horas, el Dr. Blanco Vinuesa se acerca a ellos.

—Está muy grave, pero tenemos muchas esperanzas de que salga adelante.

Rita suspira.

—Pueden irse un rato si quieren. Les llamaremos si hay alguna novedad —añade el médico.

—Le sentará bien un buen baño y cenar algo —sugiere Pepe.

—Sí, vamos al Parador —responde Rita.

—Rita... —dice Pepe sin saber cómo plantearlo—. Tengo que hablar con la policía. No podemos...

—Entiendo. Es lógico. No se preocupen.

—Además, por el bien de la Asociación, es necesario aclarar a los periodistas que no hay ninguna motivación política.

—De verdad, lo comprendo... No hace falta que se justifique.

Lo cierto es que Pepe quisiera olvidar esta triste historia de amor, sin final feliz, y no tener que contársela a nadie, y, sobre todo, no tener que contársela al inspector Manzanares.

Llegan al Parador y Pepe empieza a buscar a Nacho Villa. Ya es hora de informarle.

* * *

Con la llave de la habitación de Pepe hay dos recados: su amigo Manolo Vázquez ha llegado por fin a Granada. También hay un telegrama de Susi: "Ramiro y yo novios otra vez. Viaje de reconciliación a Granada. Esperamos cenar con usted. Stop."

Cuando va hacia el teléfono para llamar a Manolo, entra Diana.

—¡Diana! ¿Qué haces esta noche?

—Nada, no sé...

—¿Vienes a cenar a casa de un viejo amigo mío?

—Vale.

Esta noche intentará convencer a Diana de que, terminado el Congreso, se quede con él una semana de vacaciones. Vacaciones en junio, en el sur, sin más sustos. En un "carmen".

En ese momento aparecen Villa, Salagater, Mattei y algunos otros científicos. Vienen charlando muy animados.

—¿Cómo va todo?

—Ahora bien —dice Villa.

—Estamos llegando a conclusiones y acuerdos muy importantes. A pesar de todo el escándalo... —añade Mattei.

—Eso son dos o tres días en los periódicos ¿Cuándo es la clausura?

—Pasado mañana. ¿Estarás?

58

—Sí, creo que sí.

—Hasta luego. Van a empezar las sesiones —se despide Salagater.

—Hasta luego.

En ese momento entra en el Parador una curiosa pareja: una gordita con gafas que mira apasionadamente a su acompañante, un tipo que se parece a Woody Allen y veinte centímetros más bajito que ella.

—¡Dios mío! ¡Susi, mi secretaria, en viaje de novios!

Pepe agarra del brazo a Diana y sale corriendo en dirección contraria.

*   *   *

Notas

(1) Plaza porticada rectangular construida entre 1617 y 1619 según los planos del arquitecto Gómez de la Mora. Siempre ha sido escenario de fiestas y actividades ciudadanas y culturales.

(2) El granizado de limón es una bebida muy popular en verano en España. Está hecha de hielo picado y zumo de limón. También es habitual el consumo de granizado de café.

(3) ETA es una organización terrorista de carácter independentista que pretende, por medio de la lucha armada, la independencia del País Vasco.

(4) Los cármenes son las casas típicas de las colinas de Granada. Suelen ser casas pequeñas con huerto o jardín y, hoy en día, están muy cotizados.

(5) Los gallegos se han visto obligados a emigrar en gran número y lo han hecho especialmente a Hispanoamérica y a algunos países europeos.

(6) La Castellana es una gran avenida que cruza Madrid de Norte a Sur. En ella se encuentran muchos edificios oficiales, rascacielos con modernas oficinas y viviendas lujosas.

(7) Pepe Rey está divorciado y se refiere aquí a su exmujer.

(8) Benidorm, situada en la provincia de Alicante, es una de las más populosas poblaciones turísticas de la costa mediterránea.

(9) Iberia es la más importante compañía de aviación española.

(10) Los prefijos telefónicos para llamadas desde el interior a las provincias españolas siempre llevan un 9 al principio (por ejemplo, Madrid, 91; Barcelona, 93, etc.).

(11) La Alhambra de Granada y la Mezquita de Córdoba son los dos monumentos más importantes de la arquitectura árabe española. La Alhambra se ha llegado a considerar uno de los palacios más refinados de la historia y es el único palacio islámico medieval que ha sobrevivido.

(12) Barajas es el aeropuerto de Madrid. Está situado a 16 km. del centro, en la carretera de Barcelona.

(13) Manolo es la forma familiar de Manuel, nombre de varón muy frecuente en España.

(14) Los Paradores son una red de hoteles que pertenecen al Estado español. Suelen estar situados en monumentos tales como castillos, antiguos conventos, etc., de gran interés histórico-artístico.

(15) Es muy frecuente que los hombres españoles se abracen al saludarse en momentos de cierta emotividad o al verse después de una larga separación.

(16) Nacho es la forma familiar de Ignacio. Algunas personas que se llaman así usan también Iñigo o Iñaki.

(17) Importante periódico italiano.

(18) Salamanca es una ciudad universitaria y de gran interés histórico-artístico situada en el Noroeste de Castilla.

(19) El Ritz es uno de los más lujosos hoteles madrileños.

(20) La Coruña es una de las cuatro capitales de provincia de la Comunidad Autónoma de Galicia. Se encuentra en el extremo Noroeste de la Península.

(21) El fino es un tipo de vino blanco producido en Andalucía que se consume como aperitivo.

(22) El Valdepeñas es un vino que se produce en la región vitícola de La Mancha.

(23) Manuel Vázquez Montalbán es un periodista y autor

de novelas muy conocido en España. Ha escrito una serie de novelas policíacas cuyo protagonista, Pepe Carvalho, un detective privado que vive en Barcelona, se ha convertido en un personaje muy popular.

(24) La «pasma» es, en el argot de jóvenes y delincuentes, la policía.

(25) Son muy características de la Alhambra sus fuentes. El agua circula en todo el palacio y sus jardines.

(26) El Albaicín es una colina, separada de la Alhambra por el río Darro. Es, sin duda, el barrio más característico de Granada, con sus cármenes (ver nota 4) y sus callejuelas estrechas.

(27) «Cargarse» a alguien es, en lenguaje muy familiar, matar a alguien.

(28) La Junta de Andalucía es el gobierno de la Comunidad Autónoma andaluza, región situada al Sur de la Península y que reagrupa ocho provincias (Almería, Granada, Málaga, Jaén, Córdoba, Sevilla, Huelva y Cádiz).

(29) Para un hispanohablante resulta muy fácil reconocer a un argentino tanto por el acento (pronunciación especial de algunos sonidos y entonación característica) como por algunas construcciones que difieren de otras variedades del español, en particular, el «voseo», que consiste en la utilización de «vos» en lugar de «tú», y una especial manera de conjugar la segunda persona del presente (por ejemplo, «vos tenés», en lugar de «tú tienes»; «vos venís», en lugar de «tú vienes», etc.).

(30) Un «vino español» es un aperitivo con bebidas y algo para comer que se ofrece con motivo de una reunión, acto oficial, etc.

(31) La tortilla Sacromonte es uno de los platos típicos de Granada. Contiene, entre otros ingredientes, sesos.

(32) En España, tanto al mediodía como por la noche, se come muy tarde. Al mediodía, a partir de las dos, y se

puede incluso empezar hasta las tres y media aproximadamente, especialmente los días festivos.

(33) El bolero es un género de canción bailable con letra de tema amoroso que estuvo especialmente de moda en los años 50. Los más conocidos son mejicanos y, hoy en día, algunos son melodías internacionalmente conocidas.

(34) El Instituto Médico Forense es el lugar donde se realizan las autopsias y toda la medicina legal.

(35) Sierra Nevada es un conjunto de montañas que forman parte del Sistema Penibético. En ella se encuentran algunos de los picos más altos de España (el Mulhacén, el Veleta, etc.) y prestigiadas estaciones de esquí.

(36) Los jardines del Generalife, al lado de la Alhambra, fueron la huerta de recreo de los reyes árabes. Son muy famosos sus jardines y sus fuentes.

(37) El Patio de los Arrayanes es el mayor de la Casa Real. Era el paso y separación, con su estanque rectangular en el centro, entre la parte oficial y la privada del Palacio.
El Patio de los Leones era la zona central del «harem», zona destinada a la vida privada del sultán.

(38) La Guardia Civil es uno de los cuerpos de policía existentes en España. Es la responsable del orden público en las zonas rurales y del tráfico en las carreteras. Es muy característico su «tricornio» o gorra negra de charol triangular.

(39) UVI es la abreviación utilizada normalmente para designar a las Unidades de Vigilancia Intensiva, donde se atiende, en los hospitales, a heridos y enfermos muy graves.